Forget-me-not

My elusive little password!

Copyright © 2020 Purple Parrot Publishing

The right of Purple Parrot Publishing to be identified as the author and designer has been asserted in accordance with the Copyright, Designs and Patents Act 1988.

All rights reserved. No part of this publication may be reproduced, stored in a retrieval system, or transmitted, in any form or by any means (electronic, mechanical, photocopying, recording or otherwise), without the prior written permission of the publisher.

Published by Purple Parrot Publishing

Printed in the United Kingdom

First Printing, 2020

ISBN: Print: 978-1-912677-67-2

www.purpleparrotpublishing.co.uk

Purple Parrot
Publishing

About this little book thing...

OK, so we are not supposed to write down our passwords to websites and the such like - we are supposed to be able to commit them to memory and remember them all.

But, in all honesty, as things are made so complicated, by security requirements - capital letter here, numbers there, together with a mix of other symbols - how are we supposed to remember everything? Then when you get your password wrong three times you are locked out. So darned irritating!

This little book is here to help you keep your passwords in one place. There are spaces for 12 different websites etc for *every* letter of the alphabet with a few extra pages thrown in. Each has more than one password space so you can scrub old ones out.

Just make sure you keep the book somewhere safe, away from prying eyes and change your passwords regularly.

Website: ....

Username: ....

Password #1: ....

Password #2: ....

Password #3: ....

Password #4: ....

Password #5: ....

Info: ....

Website: ....

Username: ....

Password #1: ....

Password #2: ....

Password #3: ....

Password #4: ....

Password #5: ....

Info: ....

Website:

Username:

Password #1:

Password #2:

Password #3:

Password #4:

Password #5:

Info:

Website:

Username:

Password #1:

Password #2:

Password #3:

Password #4:

Password #5:

Info:

Website: ....

Username: ....

Password #1: ....

Password #2: ....

Password #3: ....

Password #4: ....

Password #5: ....

Info: ....

Website: ....

Username: ....

Password #1: ....

Password #2: ....

Password #3: ....

Password #4: ....

Password #5: ....

Info: ....

Website:

Username:

Password #1:

Password #2:

Password #3:

Password #4:

Password #5:

Info:

Website:

Username:

Password #1:

Password #2:

Password #3:

Password #4:

Password #5:

Info:

Website: ....

Username: ....

Password #1: ....

Password #2: ....

Password #3: ....

Password #4: ....

Password #5: ....

Info: ....

Website: ....

Username: ....

Password #1: ....

Password #2: ....

Password #3: ....

Password #4: ....

Password #5: ....

Info: ....

Website:

Username:

Password #1:

Password #2:

Password #3:

Password #4:

Password #5:

Info:

Website:

Username:

Password #1:

Password #2:

Password #3:

Password #4:

Password #5:

Info:

Website:

Username:

Password #1:

Password #2:

Password #3:

Password #4:

Password #5:

Info:

Website:

Username:

Password #1:

Password #2:

Password #3:

Password #4:

Password #5:

Info:

Website:

Username:

Password #1:

Password #2:

Password #3:

Password #4:

Password #5:

Info:

Website:

Username:

Password #1:

Password #2:

Password #3:

Password #4:

Password #5:

Info:

Website:

Username:

Password #1:

Password #2:

Password #3:

Password #4:

Password #5:

Info:

Website:

Username:

Password #1:

Password #2:

Password #3:

Password #4:

Password #5:

Info:

Website:

Username:

Password #1:

Password #2:

Password #3:

Password #4:

Password #5:

Info:

Website:

Username:

Password #1:

Password #2:

Password #3:

Password #4:

Password #5:

Info:

Website: ....

Username: ....

Password #1: ....

Password #2: ....

Password #3: ....

Password #4: ....

Password #5: ....

Info: ....

Website: ....

Username: ....

Password #1: ....

Password #2: ....

Password #3: ....

Password #4: ....

Password #5: ....

Info: ....

Website:

Username:

Password #1:

Password #2:

Password #3:

Password #4:

Password #5:

Info:

Website:

Username:

Password #1:

Password #2:

Password #3:

Password #4:

Password #5:

Info:

C

Website:

Username:

Password #1:

Password #2:

Password #3:

Password #4:

Password #5:

Info:

Website:

Username:

Password #1:

Password #2:

Password #3:

Password #4:

Password #5:

Info:

Website:

Username:

Password #1:

Password #2:

Password #3:

Password #4:

Password #5:

Info:

Website:

Username:

Password #1:

Password #2:

Password #3:

Password #4:

Password #5:

Info:

Website:

Username:

Password #1:

Password #2:

Password #3:

Password #4:

Password #5:

Info:

Website:

Username:

Password #1:

Password #2:

Password #3:

Password #4:

Password #5:

Info:

Website:

Username:

Password #1:

Password #2:

Password #3:

Password #4:

Password #5:

Info:

Website:

Username:

Password #1:

Password #2:

Password #3:

Password #4:

Password #5:

Info:

Website: ....

Username: ....

Password #1: ....

Password #2: ....

Password #3: ....

Password #4: ....

Password #5: ....

Info: ....

Website: ....

Username: ....

Password #1: ....

Password #2: ....

Password #3: ....

Password #4: ....

Password #5: ....

Info: ....

Website:

Username:

Password #1:

Password #2:

Password #3:

Password #4:

Password #5:

Info:

Website:

Username:

Password #1:

Password #2:

Password #3:

Password #4:

Password #5:

Info:

Website:

Username:

Password #1:

Password #2:

Password #3:

Password #4:

Password #5:

Info:

Website:

Username:

Password #1:

Password #2:

Password #3:

Password #4:

Password #5:

Info:

Website:

Username:

Password #1:

Password #2:

Password #3:

Password #4:

Password #5:

Info:

Website:

Username:

Password #1:

Password #2:

Password #3:

Password #4:

Password #5:

Info:

D

Website:

Username:

Password #1:

Password #2:

Password #3:

Password #4:

Password #5:

Info:

Website:

Username:

Password #1:

Password #2:

Password #3:

Password #4:

Password #5:

Info:

Website:

Username:

Password #1:

Password #2:

Password #3:

Password #4:

Password #5:

Info:

Website:

Username:

Password #1:

Password #2:

Password #3:

Password #4:

Password #5:

Info:

Website:

Username:

Password #1:

Password #2:

Password #3:

Password #4:

Password #5:

Info:

Website:

Username:

Password #1:

Password #2:

Password #3:

Password #4:

Password #5:

Info:

Website:

Username:

Password #1:

Password #2:

Password #3:

Password #4:

Password #5:

Info:

Website:

Username:

Password #1:

Password #2:

Password #3:

Password #4:

Password #5:

Info:

E

Website:

Username:

Password #1:

Password #2:

Password #3:

Password #4:

Password #5:

Info:

Website:

Username:

Password #1:

Password #2:

Password #3:

Password #4:

Password #5:

Info:

Website:

Username:

Password #1:

Password #2:

Password #3:

Password #4:

Password #5:

Info:

Website:

Username:

Password #1:

Password #2:

Password #3:

Password #4:

Password #5:

Info:

Website:

Username:

Password #1:

Password #2:

Password #3:

Password #4:

Password #5:

Info:

Website:

Username:

Password #1:

Password #2:

Password #3:

Password #4:

Password #5:

Info:

Website:

Username:

Password #1:

Password #2:

Password #3:

Password #4:

Password #5:

Info:

Website:

Username:

Password #1:

Password #2:

Password #3:

Password #4:

Password #5:

Info:

E

Website: ....

Username: ....

Password #1: ....

Password #2: ....

Password #3: ....

Password #4: ....

Password #5: ....

Info: ....

Website: ....

Username: ....

Password #1: ....

Password #2: ....

Password #3: ....

Password #4: ....

Password #5: ....

Info: ....

Website: ....

Username: ....

Password #1: ....

Password #2: ....

Password #3: ....

Password #4: ....

Password #5: ....

Info: ....

Website: ....

Username: ....

Password #1: ....

Password #2: ....

Password #3: ....

Password #4: ....

Password #5: ....

Info: ....

Website: ....

Username: ....

Password #1: ....

Password #2: ....

Password #3: ....

Password #4: ....

Password #5: ....

Info: ....

Website: ....

Username: ....

Password #1: ....

Password #2: ....

Password #3: ....

Password #4: ....

Password #5: ....

Info: ....

Website:

Username:

Password #1:

Password #2:

Password #3:

Password #4:

Password #5:

Info:

Website:

Username:

Password #1:

Password #2:

Password #3:

Password #4:

Password #5:

Info:

Website:

Username:

Password #1:

Password #2:

Password #3:

Password #4:

Password #5:

Info:

Website:

Username:

Password #1:

Password #2:

Password #3:

Password #4:

Password #5:

Info:

Website: ....

Username: ....

Password #1: ....

Password #2: ....

Password #3: ....

Password #4: ....

Password #5: ....

Info: ....

Website: ....

Username: ....

Password #1: ....

Password #2: ....

Password #3: ....

Password #4: ....

Password #5: ....

Info: ....

Website:

Username:

Password #1:

Password #2:

Password #3:

Password #4:

Password #5:

Info:

Website:

Username:

Password #1:

Password #2:

Password #3:

Password #4:

Password #5:

Info:

Website: ....

Username: ....

Password #1: ....

Password #2: ....

Password #3: ....

Password #4: ....

Password #5: ....

Info: ....

Website: ....

Username: ....

Password #1: ....

Password #2: ....

Password #3: ....

Password #4: ....

Password #5: ....

Info: ....

Website:

Username:

Password #1:

Password #2:

Password #3:

Password #4:

Password #5:

Info:

Website:

Username:

Password #1:

Password #2:

Password #3:

Password #4:

Password #5:

Info:

Website:

Username:

Password #1:

Password #2:

Password #3:

Password #4:

Password #5:

Info:

Website:

Username:

Password #1:

Password #2:

Password #3:

Password #4:

Password #5:

Info:

Website:

Username:

Password #1:

Password #2:

Password #3:

Password #4:

Password #5:

Info:

Website:

Username:

Password #1:

Password #2:

Password #3:

Password #4:

Password #5:

Info:

Website:

Username:

Password #1:

Password #2:

Password #3:

Password #4:

Password #5:

Info:

Website:

Username:

Password #1:

Password #2:

Password #3:

Password #4:

Password #5:

Info:

Website:

Username:

Password #1:

Password #2:

Password #3:

Password #4:

Password #5:

Info:

Website:

Username:

Password #1:

Password #2:

Password #3:

Password #4:

Password #5:

Info:

Website:

Username:

Password #1:

Password #2:

Password #3:

Password #4:

Password #5:

Info:

Website:

Username:

Password #1:

Password #2:

Password #3:

Password #4:

Password #5:

Info:

Website:

Username:

Password #1:

Password #2:

Password #3:

Password #4:

Password #5:

Info:

Website:

Username:

Password #1:

Password #2:

Password #3:

Password #4:

Password #5:

Info:

H

Website:

Username:

Password #1:

Password #2:

Password #3:

Password #4:

Password #5:

Info:

Website:

Username:

Password #1:

Password #2:

Password #3:

Password #4:

Password #5:

Info:

ℋ

Website:

Username:

Password #1:

Password #2:

Password #3:

Password #4:

Password #5:

Info:

Website:

Username:

Password #1:

Password #2:

Password #3:

Password #4:

Password #5:

Info:

Website:

Username:

Password #1:

Password #2:

Password #3:

Password #4:

Password #5:

Info:

Website:

Username:

Password #1:

Password #2:

Password #3:

Password #4:

Password #5:

Info:

Website:

Username:

Password #1:

Password #2:

Password #3:

Password #4:

Password #5:

Info:

Website:

Username:

Password #1:

Password #2:

Password #3:

Password #4:

Password #5:

Info:

ℋ

Website:

Username:

Password #1:

Password #2:

Password #3:

Password #4:

Password #5:

Info:

Website:

Username:

Password #1:

Password #2:

Password #3:

Password #4:

Password #5:

Info:

Website:

Username:

Password #1:

Password #2:

Password #3:

Password #4:

Password #5:

Info:

Website:

Username:

Password #1:

Password #2:

Password #3:

Password #4:

Password #5:

Info:

Website: ....

Username: ....

Password #1: ....

Password #2: ....

Password #3: ....

Password #4: ....

Password #5: ....

Info: ....

Website: ....

Username: ....

Password #1: ....

Password #2: ....

Password #3: ....

Password #4: ....

Password #5: ....

Info: ....

J

Website:

Username:

Password #1:

Password #2:

Password #3:

Password #4:

Password #5:

Info:

Website:

Username:

Password #1:

Password #2:

Password #3:

Password #4:

Password #5:

Info:

J

Website:

Username:

Password #1:

Password #2:

Password #3:

Password #4:

Password #5:

Info:

Website:

Username:

Password #1:

Password #2:

Password #3:

Password #4:

Password #5:

Info:

J

Website:

Username:

Password #1:

Password #2:

Password #3:

Password #4:

Password #5:

Info:

Website:

Username:

Password #1:

Password #2:

Password #3:

Password #4:

Password #5:

Info:

J

Website: ....

Username: ....

Password #1: ....

Password #2: ....

Password #3: ....

Password #4: ....

Password #5: ....

Info: ....

Website: ....

Username: ....

Password #1: ....

Password #2: ....

Password #3: ....

Password #4: ....

Password #5: ....

Info: ....

Website:

Username:

Password #1:

Password #2:

Password #3:

Password #4:

Password #5:

Info:

Website:

Username:

Password #1:

Password #2:

Password #3:

Password #4:

Password #5:

Info:

Website:

Username:

Password #1:

Password #2:

Password #3:

Password #4:

Password #5:

Info:

Website:

Username:

Password #1:

Password #2:

Password #3:

Password #4:

Password #5:

Info:

Website:

Username:

Password #1:

Password #2:

Password #3:

Password #4:

Password #5:

Info:

Website:

Username:

Password #1:

Password #2:

Password #3:

Password #4:

Password #5:

Info:

Website:

Username:

Password #1:

Password #2:

Password #3:

Password #4:

Password #5:

Info:

Website:

Username:

Password #1:

Password #2:

Password #3:

Password #4:

Password #5:

Info:

Website:

Username:

Password #1:

Password #2:

Password #3:

Password #4:

Password #5:

Info:

Website:

Username:

Password #1:

Password #2:

Password #3:

Password #4:

Password #5:

Info:

Website:

Username:

Password #1:

Password #2:

Password #3:

Password #4:

Password #5:

Info:

Website:

Username:

Password #1:

Password #2:

Password #3:

Password #4:

Password #5:

Info:

K

Website: ....

Username: ....

Password #1: ....

Password #2: ....

Password #3: ....

Password #4: ....

Password #5: ....

Info: ....

Website: ....

Username: ....

Password #1: ....

Password #2: ....

Password #3: ....

Password #4: ....

Password #5: ....

Info: ....

Website:

Username:

Password #1:

Password #2:

Password #3:

Password #4:

Password #5:

Info:

Website:

Username:

Password #1:

Password #2:

Password #3:

Password #4:

Password #5:

Info:

Website:

Username:

Password #1:

Password #2:

Password #3:

Password #4:

Password #5:

Info:

Website:

Username:

Password #1:

Password #2:

Password #3:

Password #4:

Password #5:

Info:

Website:

Username:

Password #1:

Password #2:

Password #3:

Password #4:

Password #5:

Info:

Website:

Username:

Password #1:

Password #2:

Password #3:

Password #4:

Password #5:

Info:

Website:

Username:

Password #1:

Password #2:

Password #3:

Password #4:

Password #5:

Info:

Website:

Username:

Password #1:

Password #2:

Password #3:

Password #4:

Password #5:

Info:

Website:

Username:

Password #1:

Password #2:

Password #3:

Password #4:

Password #5:

Info:

Website:

Username:

Password #1:

Password #2:

Password #3:

Password #4:

Password #5:

Info:

Website:

Username:

Password #1:

Password #2:

Password #3:

Password #4:

Password #5:

Info:

Website:

Username:

Password #1:

Password #2:

Password #3:

Password #4:

Password #5:

Info:

Website:

Username:

Password #1:

Password #2:

Password #3:

Password #4:

Password #5:

Info:

Website:

Username:

Password #1:

Password #2:

Password #3:

Password #4:

Password #5:

Info:

L

Website:

Username:

Password #1:

Password #2:

Password #3:

Password #4:

Password #5:

Info:

Website:

Username:

Password #1:

Password #2:

Password #3:

Password #4:

Password #5:

Info:

Website:

Username:

Password #1:

Password #2:

Password #3:

Password #4:

Password #5:

Info:

Website:

Username:

Password #1:

Password #2:

Password #3:

Password #4:

Password #5:

Info:

Website:

Username:

Password #1:

Password #2:

Password #3:

Password #4:

Password #5:

Info:

Website:

Username:

Password #1:

Password #2:

Password #3:

Password #4:

Password #5:

Info:

Website:

Username:

Password #1:

Password #2:

Password #3:

Password #4:

Password #5:

Info:

Website:

Username:

Password #1:

Password #2:

Password #3:

Password #4:

Password #5:

Info:

Website:

Username:

Password #1:

Password #2:

Password #3:

Password #4:

Password #5:

Info:

Website:

Username:

Password #1:

Password #2:

Password #3:

Password #4:

Password #5:

Info:

Website:

Username:

Password #1:

Password #2:

Password #3:

Password #4:

Password #5:

Info:

Website:

Username:

Password #1:

Password #2:

Password #3:

Password #4:

Password #5:

Info:

Website: ....

Username: ....

Password #1: ....

Password #2: ....

Password #3: ....

Password #4: ....

Password #5: ....

Info: ....

Website: ....

Username: ....

Password #1: ....

Password #2: ....

Password #3: ....

Password #4: ....

Password #5: ....

Info: ....

Website:

Username:

Password #1:

Password #2:

Password #3:

Password #4:

Password #5:

Info:

Website:

Username:

Password #1:

Password #2:

Password #3:

Password #4:

Password #5:

Info:

Website: ....

Username: ....

Password #1: ....

Password #2: ....

Password #3: ....

Password #4: ....

Password #5: ....

Info: ....

Website: ....

Username: ....

Password #1: ....

Password #2: ....

Password #3: ....

Password #4: ....

Password #5: ....

Info: ....

Website:

Username:

Password #1:

Password #2:

Password #3:

Password #4:

Password #5:

Info:

Website:

Username:

Password #1:

Password #2:

Password #3:

Password #4:

Password #5:

Info:

N

Website:

Username:

Password #1:

Password #2:

Password #3:

Password #4:

Password #5:

Info:

Website:

Username:

Password #1:

Password #2:

Password #3:

Password #4:

Password #5:

Info:

Website:

Username:

Password #1:

Password #2:

Password #3:

Password #4:

Password #5:

Info:

Website:

Username:

Password #1:

Password #2:

Password #3:

Password #4:

Password #5:

Info:

N

Website:

Username:

Password #1:

Password #2:

Password #3:

Password #4:

Password #5:

Info:

Website:

Username:

Password #1:

Password #2:

Password #3:

Password #4:

Password #5:

Info:

Website:

Username:

Password #1:

Password #2:

Password #3:

Password #4:

Password #5:

Info:

Website:

Username:

Password #1:

Password #2:

Password #3:

Password #4:

Password #5:

Info:

N

Website: ....

Username: ....

Password #1: ....

Password #2: ....

Password #3: ....

Password #4: ....

Password #5: ....

Info: ....

Website: ....

Username: ....

Password #1: ....

Password #2: ....

Password #3: ....

Password #4: ....

Password #5: ....

Info: ....

Website:

Username:

Password #1:

Password #2:

Password #3:

Password #4:

Password #5:

Info:

Website:

Username:

Password #1:

Password #2:

Password #3:

Password #4:

Password #5:

Info:

O

Website:

Username:

Password #1:

Password #2:

Password #3:

Password #4:

Password #5:

Info:

Website:

Username:

Password #1:

Password #2:

Password #3:

Password #4:

Password #5:

Info:

Website:

Username:

Password #1:

Password #2:

Password #3:

Password #4:

Password #5:

Info:

Website:

Username:

Password #1:

Password #2:

Password #3:

Password #4:

Password #5:

Info:

Website: ....

Username: ....

Password #1: ....

Password #2: ....

Password #3: ....

Password #4: ....

Password #5: ....

Info: ....

Website: ....

Username: ....

Password #1: ....

Password #2: ....

Password #3: ....

Password #4: ....

Password #5: ....

Info: ....

Website:

Username:

Password #1:

Password #2:

Password #3:

Password #4:

Password #5:

Info:

Website:

Username:

Password #1:

Password #2:

Password #3:

Password #4:

Password #5:

Info:

O

Website:

Username:

Password #1:

Password #2:

Password #3:

Password #4:

Password #5:

Info:

Website:

Username:

Password #1:

Password #2:

Password #3:

Password #4:

Password #5:

Info:

Website:

Username:

Password #1:

Password #2:

Password #3:

Password #4:

Password #5:

Info:

Website:

Username:

Password #1:

Password #2:

Password #3:

Password #4:

Password #5:

Info:

Website: ....

Username: ....

Password #1: ....

Password #2: ....

Password #3: ....

Password #4: ....

Password #5: ....

Info: ....

Website: ....

Username: ....

Password #1: ....

Password #2: ....

Password #3: ....

Password #4: ....

Password #5: ....

Info: ....

Website:

Username:

Password #1:

Password #2:

Password #3:

Password #4:

Password #5:

Info:

Website:

Username:

Password #1:

Password #2:

Password #3:

Password #4:

Password #5:

Info:

Website:

Username:

Password #1:

Password #2:

Password #3:

Password #4:

Password #5:

Info:

Website:

Username:

Password #1:

Password #2:

Password #3:

Password #4:

Password #5:

Info:

Website:

Username:

Password #1:

Password #2:

Password #3:

Password #4:

Password #5:

Info:

Website:

Username:

Password #1:

Password #2:

Password #3:

Password #4:

Password #5:

Info:

Website: ....

Username: ....

Password #1: ....

Password #2: ....

Password #3: ....

Password #4: ....

Password #5: ....

Info: ....

Website: ....

Username: ....

Password #1: ....

Password #2: ....

Password #3: ....

Password #4: ....

Password #5: ....

Info: ....

Website:

Username:

Password #1:

Password #2:

Password #3:

Password #4:

Password #5:

Info:

Website:

Username:

Password #1:

Password #2:

Password #3:

Password #4:

Password #5:

Info:

Q

Website: ....

Username: ....

Password #1: ....

Password #2: ....

Password #3: ....

Password #4: ....

Password #5: ....

Info: ....

Website: ....

Username: ....

Password #1: ....

Password #2: ....

Password #3: ....

Password #4: ....

Password #5: ....

Info: ....

Website:

Username:

Password #1:

Password #2:

Password #3:

Password #4:

Password #5:

Info:

Website:

Username:

Password #1:

Password #2:

Password #3:

Password #4:

Password #5:

Info:

Website:

Username:

Password #1:

Password #2:

Password #3:

Password #4:

Password #5:

Info:

Website:

Username:

Password #1:

Password #2:

Password #3:

Password #4:

Password #5:

Info:

Website:

Username:

Password #1:

Password #2:

Password #3:

Password #4:

Password #5:

Info:

Website:

Username:

Password #1:

Password #2:

Password #3:

Password #4:

Password #5:

Info:

Website: ....

Username: ....

Password #1: ....

Password #2: ....

Password #3: ....

Password #4: ....

Password #5: ....

Info: ....

———

Website: ....

Username: ....

Password #1: ....

Password #2: ....

Password #3: ....

Password #4: ....

Password #5: ....

Info: ....

Website:

Username:

Password #1:

Password #2:

Password #3:

Password #4:

Password #5:

Info:

Website:

Username:

Password #1:

Password #2:

Password #3:

Password #4:

Password #5:

Info:

Website:

Username:

Password #1:

Password #2:

Password #3:

Password #4:

Password #5:

Info:

Website:

Username:

Password #1:

Password #2:

Password #3:

Password #4:

Password #5:

Info:

Website:

Username:

Password #1:

Password #2:

Password #3:

Password #4:

Password #5:

Info:

Website:

Username:

Password #1:

Password #2:

Password #3:

Password #4:

Password #5:

Info:

Website:

Username:

Password #1:

Password #2:

Password #3:

Password #4:

Password #5:

Info:

Website:

Username:

Password #1:

Password #2:

Password #3:

Password #4:

Password #5:

Info:

Website:

Username:

Password #1:

Password #2:

Password #3:

Password #4:

Password #5:

Info:

Website:

Username:

Password #1:

Password #2:

Password #3:

Password #4:

Password #5:

Info:

Website:

Username:

Password #1:

Password #2:

Password #3:

Password #4:

Password #5:

Info:

Website:

Username:

Password #1:

Password #2:

Password #3:

Password #4:

Password #5:

Info:

Website:

Username:

Password #1:

Password #2:

Password #3:

Password #4:

Password #5:

Info:

Website:

Username:

Password #1:

Password #2:

Password #3:

Password #4:

Password #5:

Info:

Website:

Username:

Password #1:

Password #2:

Password #3:

Password #4:

Password #5:

Info:

Website:

Username:

Password #1:

Password #2:

Password #3:

Password #4:

Password #5:

Info:

Website:

Username:

Password #1:

Password #2:

Password #3:

Password #4:

Password #5:

Info:

Website:

Username:

Password #1:

Password #2:

Password #3:

Password #4:

Password #5:

Info:

Website: ....

Username: ....

Password #1: ....

Password #2: ....

Password #3: ....

Password #4: ....

Password #5: ....

Info: ....

Website: ....

Username: ....

Password #1: ....

Password #2: ....

Password #3: ....

Password #4: ....

Password #5: ....

Info: ....

Website: ....

Username: ....

Password #1: ....

Password #2: ....

Password #3: ....

Password #4: ....

Password #5: ....

Info: ....

Website: ....

Username: ....

Password #1: ....

Password #2: ....

Password #3: ....

Password #4: ....

Password #5: ....

Info: ....

S

Website:

Username:

Password #1:

Password #2:

Password #3:

Password #4:

Password #5:

Info:

Website:

Username:

Password #1:

Password #2:

Password #3:

Password #4:

Password #5:

Info:

Website:

Username:

Password #1:

Password #2:

Password #3:

Password #4:

Password #5:

Info:

Website:

Username:

Password #1:

Password #2:

Password #3:

Password #4:

Password #5:

Info:

T

Website:

Username:

Password #1:

Password #2:

Password #3:

Password #4:

Password #5:

Info:

Website:

Username:

Password #1:

Password #2:

Password #3:

Password #4:

Password #5:

Info:

Website:

Username:

Password #1:

Password #2:

Password #3:

Password #4:

Password #5:

Info:

Website:

Username:

Password #1:

Password #2:

Password #3:

Password #4:

Password #5:

Info:

Website:

Username:

Password #1:

Password #2:

Password #3:

Password #4:

Password #5:

Info:

Website:

Username:

Password #1:

Password #2:

Password #3:

Password #4:

Password #5:

Info:

Website:

Username:

Password #1:

Password #2:

Password #3:

Password #4:

Password #5:

Info:

Website:

Username:

Password #1:

Password #2:

Password #3:

Password #4:

Password #5:

Info:

T

Website: ....

Username: ....

Password #1: ....

Password #2: ....

Password #3: ....

Password #4: ....

Password #5: ....

Info: ....

Website: ....

Username: ....

Password #1: ....

Password #2: ....

Password #3: ....

Password #4: ....

Password #5: ....

Info: ....

Website:

Username:

Password #1:

Password #2:

Password #3:

Password #4:

Password #5:

Info:

Website:

Username:

Password #1:

Password #2:

Password #3:

Password #4:

Password #5:

Info:

U

Website:

Username:

Password #1:

Password #2:

Password #3:

Password #4:

Password #5:

Info:

Website:

Username:

Password #1:

Password #2:

Password #3:

Password #4:

Password #5:

Info:

U

Website:

Username:

Password #1:

Password #2:

Password #3:

Password #4:

Password #5:

Info:

Website:

Username:

Password #1:

Password #2:

Password #3:

Password #4:

Password #5:

Info:

U

Website:

Username:

Password #1:

Password #2:

Password #3:

Password #4:

Password #5:

Info:

Website:

Username:

Password #1:

Password #2:

Password #3:

Password #4:

Password #5:

Info:

U

Website: ....

Username: ....

Password #1: ....

Password #2: ....

Password #3: ....

Password #4: ....

Password #5: ....

Info: ....

Website: ....

Username: ....

Password #1: ....

Password #2: ....

Password #3: ....

Password #4: ....

Password #5: ....

Info: ....

U

Website:

Username:

Password #1:

Password #2:

Password #3:

Password #4:

Password #5:

Info:

Website:

Username:

Password #1:

Password #2:

Password #3:

Password #4:

Password #5:

Info:

𝒰

Website: ....

Username: ....

Password #1: ....

Password #2: ....

Password #3: ....

Password #4: ....

Password #5: ....

Info: ....

Website: ....

Username: ....

Password #1: ....

Password #2: ....

Password #3: ....

Password #4: ....

Password #5: ....

Info: ....

Website:

Username:

Password #1:

Password #2:

Password #3:

Password #4:

Password #5:

Info:

Website:

Username:

Password #1:

Password #2:

Password #3:

Password #4:

Password #5:

Info:

Website:

Username:

Password #1:

Password #2:

Password #3:

Password #4:

Password #5:

Info:

Website:

Username:

Password #1:

Password #2:

Password #3:

Password #4:

Password #5:

Info:

V

Website:

Username:

Password #1:

Password #2:

Password #3:

Password #4:

Password #5:

Info:

Website:

Username:

Password #1:

Password #2:

Password #3:

Password #4:

Password #5:

Info:

Website: ....

Username: ....

Password #1: ....

Password #2: ....

Password #3: ....

Password #4: ....

Password #5: ....

Info: ....

Website: ....

Username: ....

Password #1: ....

Password #2: ....

Password #3: ....

Password #4: ....

Password #5: ....

Info: ....

Website:

Username:

Password #1:

Password #2:

Password #3:

Password #4:

Password #5:

Info:

Website:

Username:

Password #1:

Password #2:

Password #3:

Password #4:

Password #5:

Info:

Website:

Username:

Password #1:

Password #2:

Password #3:

Password #4:

Password #5:

Info:

Website:

Username:

Password #1:

Password #2:

Password #3:

Password #4:

Password #5:

Info:

Website:

Username:

Password #1:

Password #2:

Password #3:

Password #4:

Password #5:

Info:

Website:

Username:

Password #1:

Password #2:

Password #3:

Password #4:

Password #5:

Info:

Website:

Username:

Password #1:

Password #2:

Password #3:

Password #4:

Password #5:

Info:

Website:

Username:

Password #1:

Password #2:

Password #3:

Password #4:

Password #5:

Info:

Website:

Username:

Password #1:

Password #2:

Password #3:

Password #4:

Password #5:

Info:

Website:

Username:

Password #1:

Password #2:

Password #3:

Password #4:

Password #5:

Info:

Website:

Username:

Password #1:

Password #2:

Password #3:

Password #4:

Password #5:

Info:

Website:

Username:

Password #1:

Password #2:

Password #3:

Password #4:

Password #5:

Info:

Website:

Username:

Password #1:

Password #2:

Password #3:

Password #4:

Password #5:

Info:

Website:

Username:

Password #1:

Password #2:

Password #3:

Password #4:

Password #5:

Info:

Website:

Username:

Password #1:

Password #2:

Password #3:

Password #4:

Password #5:

Info:

Website:

Username:

Password #1:

Password #2:

Password #3:

Password #4:

Password #5:

Info:

X

Website:

Username:

Password #1:

Password #2:

Password #3:

Password #4:

Password #5:

Info:

Website:

Username:

Password #1:

Password #2:

Password #3:

Password #4:

Password #5:

Info:

Website:

Username:

Password #1:

Password #2:

Password #3:

Password #4:

Password #5:

Info:

Website:

Username:

Password #1:

Password #2:

Password #3:

Password #4:

Password #5:

Info:

Website:

Username:

Password #1:

Password #2:

Password #3:

Password #4:

Password #5:

Info:

Website:

Username:

Password #1:

Password #2:

Password #3:

Password #4:

Password #5:

Info:

Website:

Username:

Password #1:

Password #2:

Password #3:

Password #4:

Password #5:

Info:

Website:

Username:

Password #1:

Password #2:

Password #3:

Password #4:

Password #5:

Info:

𝒳

Website: ....

Username: ....

Password #1: ....

Password #2: ....

Password #3: ....

Password #4: ....

Password #5: ....

Info: ....

Website: ....

Username: ....

Password #1: ....

Password #2: ....

Password #3: ....

Password #4: ....

Password #5: ....

Info: ....

Website:

Username:

Password #1:

Password #2:

Password #3:

Password #4:

Password #5:

Info:

Website:

Username:

Password #1:

Password #2:

Password #3:

Password #4:

Password #5:

Info:

Website:

Username:

Password #1:

Password #2:

Password #3:

Password #4:

Password #5:

Info:

Website:

Username:

Password #1:

Password #2:

Password #3:

Password #4:

Password #5:

Info:

Website: ....

Username: ....

Password #1: ....

Password #2: ....

Password #3: ....

Password #4: ....

Password #5: ....

Info: ....

Website: ....

Username: ....

Password #1: ....

Password #2: ....

Password #3: ....

Password #4: ....

Password #5: ....

Info: ....

Website:

Username:

Password #1:

Password #2:

Password #3:

Password #4:

Password #5:

Info:

Website:

Username:

Password #1:

Password #2:

Password #3:

Password #4:

Password #5:

Info:

Website:

Username:

Password #1:

Password #2:

Password #3:

Password #4:

Password #5:

Info:

Website:

Username:

Password #1:

Password #2:

Password #3:

Password #4:

Password #5:

Info:

Website:

Username:

Password #1:

Password #2:

Password #3:

Password #4:

Password #5:

Info:

Website:

Username:

Password #1:

Password #2:

Password #3:

Password #4:

Password #5:

Info:

Website:

Username:

Password #1:

Password #2:

Password #3:

Password #4:

Password #5:

Info:

Website:

Username:

Password #1:

Password #2:

Password #3:

Password #4:

Password #5:

Info:

Z

Website:

Username:

Password #1:

Password #2:

Password #3:

Password #4:

Password #5:

Info:

Website:

Username:

Password #1:

Password #2:

Password #3:

Password #4:

Password #5:

Info:

Website:

Username:

Password #1:

Password #2:

Password #3:

Password #4:

Password #5:

Info:

Website:

Username:

Password #1:

Password #2:

Password #3:

Password #4:

Password #5:

Info:

Z

Website:

Username:

Password #1:

Password #2:

Password #3:

Password #4:

Password #5:

Info:

Website:

Username:

Password #1:

Password #2:

Password #3:

Password #4:

Password #5:

Info:

Website:

Username:

Password #1:

Password #2:

Password #3:

Password #4:

Password #5:

Info:

Website:

Username:

Password #1:

Password #2:

Password #3:

Password #4:

Password #5:

Info:

Z

Website: ....

Username: ....

Password #1: ....

Password #2: ....

Password #3: ....

Password #4: ....

Password #5: ....

Info: ....

Website: ....

Username: ....

Password #1: ....

Password #2: ....

Password #3: ....

Password #4: ....

Password #5: ....

Info: ....

Website:

Username:

Password #1:

Password #2:

Password #3:

Password #4:

Password #5:

Info:

Website:

Username:

Password #1:

Password #2:

Password #3:

Password #4:

Password #5:

Info:

Website:

Username:

Password #1:

Password #2:

Password #3:

Password #4:

Password #5:

Info:

Website:

Username:

Password #1:

Password #2:

Password #3:

Password #4:

Password #5:

Info:

Website:

Username:

Password #1:

Password #2:

Password #3:

Password #4:

Password #5:

Info:

Website:

Username:

Password #1:

Password #2:

Password #3:

Password #4:

Password #5:

Info:

Website:

Username:

Password #1:

Password #2:

Password #3:

Password #4:

Password #5:

Info:

Website:

Username:

Password #1:

Password #2:

Password #3:

Password #4:

Password #5:

Info:

Website:

Username:

Password #1:

Password #2:

Password #3:

Password #4:

Password #5:

Info:

Website:

Username:

Password #1:

Password #2:

Password #3:

Password #4:

Password #5:

Info:

Website:

Username:

Password #1:

Password #2:

Password #3:

Password #4:

Password #5:

Info:

Website:

Username:

Password #1:

Password #2:

Password #3:

Password #4:

Password #5:

Info:

Website:

Username:

Password #1:

Password #2:

Password #3:

Password #4:

Password #5:

Info:

Website:

Username:

Password #1:

Password #2:

Password #3:

Password #4:

Password #5:

Info:

www.ingramcontent.com/pod-product-compliance
Lightning Source LLC
Chambersburg PA
CBHW071626080526
44588CB00010B/1283